AF187448

Impressum
Verlag: BABADADA GmbH, Nedderfeld 112 , 22529 Hamburg
Geschäftsführer / Verlagsleitung: Harald Hof
Druck: Books on Demand GmbH, In de Tarpen 42, 22848 Norderstedt

Imprint
Publisher: BABADADA GmbH, Nedderfeld 112 , 22529 Hamburg, Germany
Managing Director / Publishing direction: Harald Hof
Print: Books on Demand GmbH, In de Tarpen 42, 22848 Norderstedt, Germany

escuela

școală

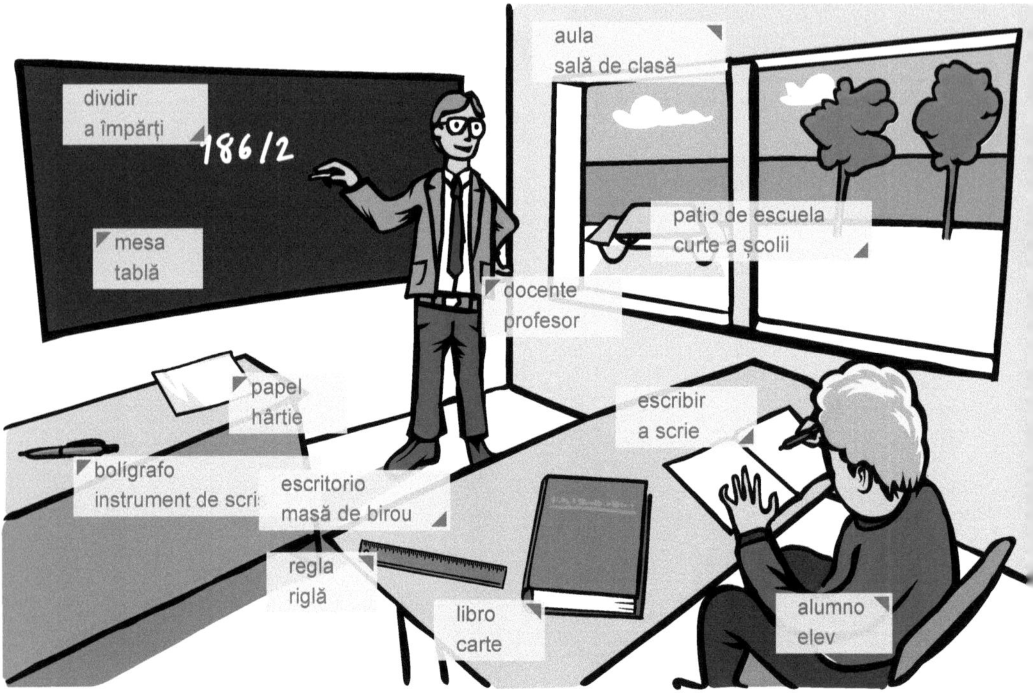

aula
sală de clasă
dividir
a împărți
186/2
mesa
tablă
patio de escuela
curte a școlii
docente
profesor
papel
hârtie
escribir
a scrie
bolígrafo
instrument de scri
escritorio
masă de birou
regla
riglă
libro
carte
alumno
elev

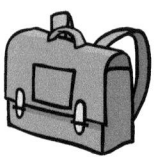

mochila escolar

ghiozdan

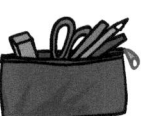

caja de lápices

penar

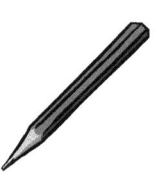

lápiz

creion

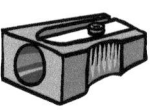

sacapuntas

ascuțitoare

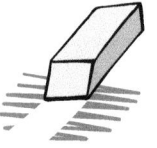

goma de borrar

radieră

bloc de dibujo

bloc de desen

dibujo
desen

pincel
pensulă

caja de pinturas
cutie de acuarele

tijera
foarfece

pegamento
lipici

libro de ejercicios
caiet de exerciții

tarea
temă

número
număr

sumar
a aduna

restar
a scădea

multiplicar
a multiplica

calcular
a calcula

letra
literă

alfabeto
alfabet

palabra
cuvânt

texto

text

leer

a citi

tiza

cretă

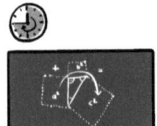

lección

oră

libro de clase

catalog

examen

examen

certificado

certificat

uniforme escolar

uniformă școlară

educación

educație

enciclopedia

enciclopedie

universidad

universitate

microscopio

microscop

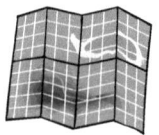

mapa

hartă

cesto de papeles

coș de gunoi

viaje
călătorie

hotel
hotel
albergue
hostel
ROOMS
EXCHANGE
casa de cambio
casă de schimb valutar
maleta
valiză
auto
autovehicul

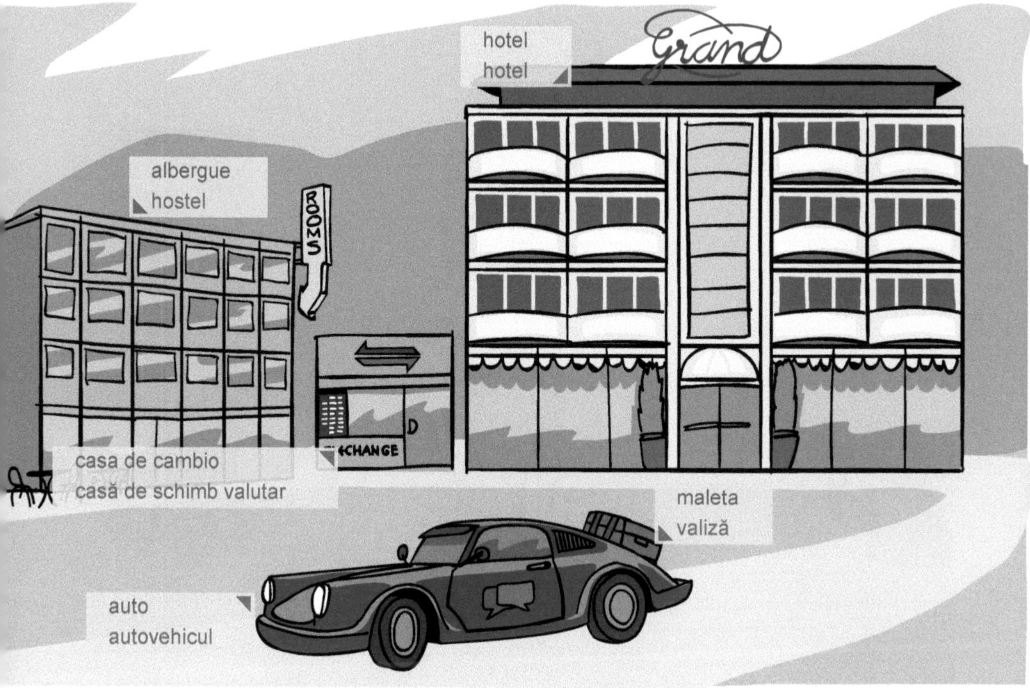

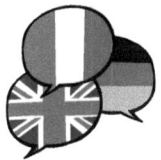

idioma
....
limbă

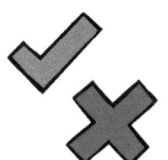

sí / no
....
da/nu

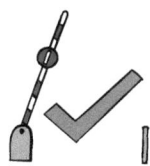

ok
....
okay

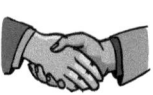

hola
....
Bună!

intérprete
....
interpret

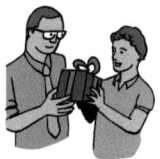

gracias
....
mulțumesc

¿Cuánto cuesta...?

Cât costă...?

No entiendo

Nu înțeleg

problema

problemă

¡Buenas tardes!

Bună seara!

¡Buenos días!

Bună dimineața!

¡Buenas noches!

Noapte bună!

adiós

la revedere

dirección

direcție

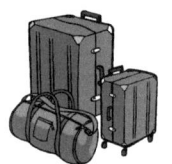

equipaje

bagaj

bolso

geantă

mochila

rucsac

invitado

oaspete

cuarto

cameră

saco de dormir

sac de dormit

tienda de campaña

cort

información al turista

punct de informare turistică

playa

plajă

tarjeta de crédito

carte de credit

desayuno

mic dejun

almuerzo

masa de prânz

cena

cină

pasaje

bilet de călătorie

ascensor

lift

sello

timbru poștal

límite

graniță

aduana

vamă

embajada

ambasadă

visa

viză

pasaporte

pașaport

transporte
transport

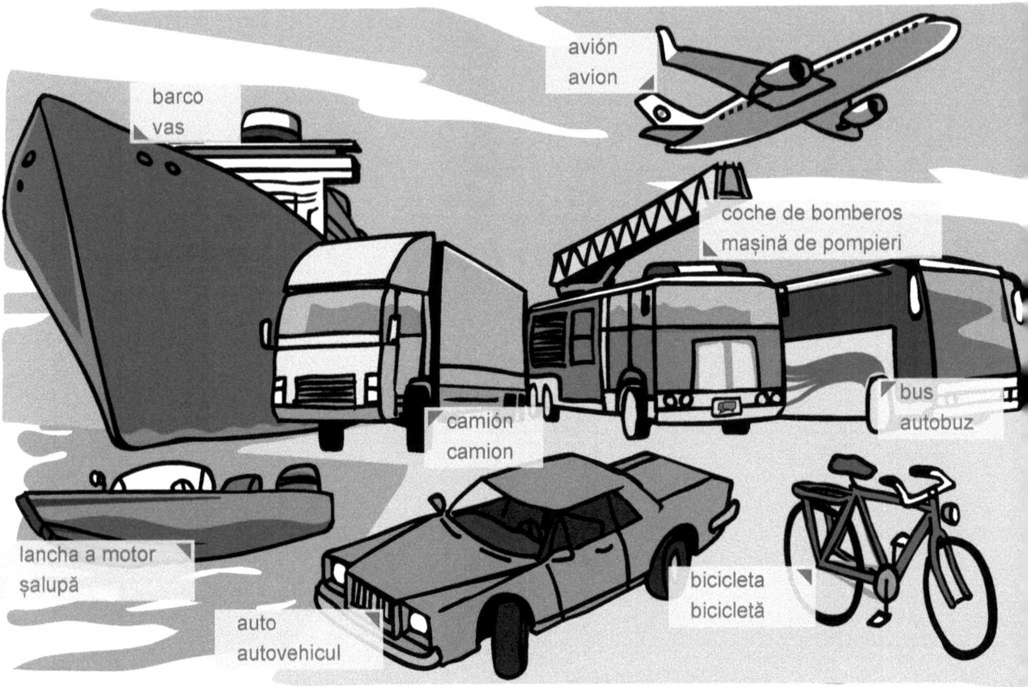
avión
avión
barco
vas
coche de bomberos
mașină de pompieri
bus
autobuz
camión
camion
lancha a motor
șalupă
auto
autovehicul
bicicleta
bicicletă

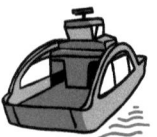

balsa

feribot

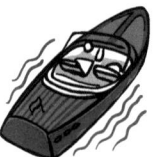

lancha

barcă

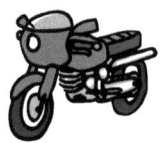

motocicleta

motocicletă

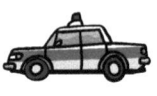

auto de policía

mașină de poliție

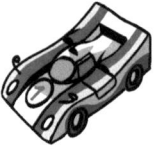

auto de carreras

mașină de curse

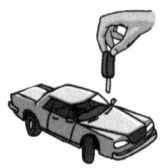

auto de alquiler

mașină închiriată

alquiler de autos

car sharing

grúa

mașină de tractat

vehículo recolector de basura

mașină de gunoi

motor

motor

gasolina

combustibil

gasolinera

benzinărie

señal de tráfico

semn de circulație

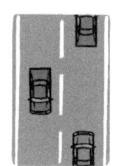

tránsito

trafic

atasco

ambuteiaj

estacionamiento

parcare

estación de tren

gară

carril

șine

tren

tren

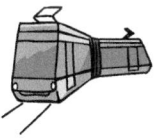

tranvía

tramvai

vagón

vagon

helicóptero
elicopter

aeropuerto
aeroport

torre
turn

pasajero
pasager

contenedor
container

caja de cartón
carton

carro
căruță

cesta
coș

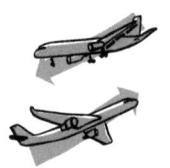

despegar / aterrizar
a decola/a ateriza

ciudad

oraș

aldea
sat

centro de la ciudad
centru

casa
casă

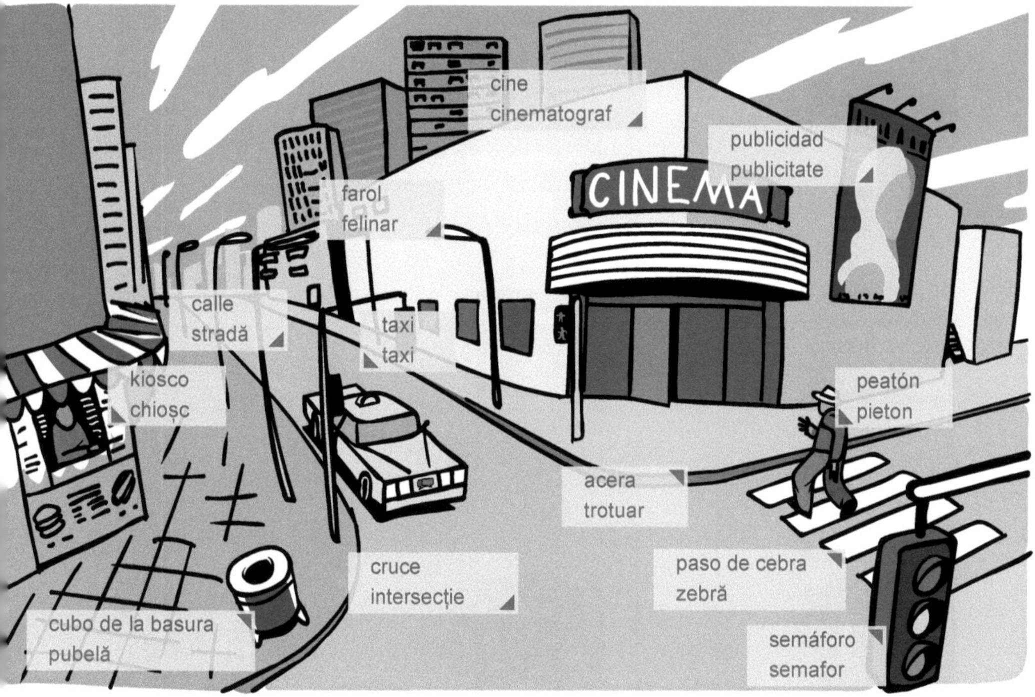

cine
cinematograf

publicidad
publicitate

farol
felinar

CINEMA

calle
stradă

taxi
taxi

kiosco
chiosc

peatón
pieton

acera
trotuar

cruce
intersecție

paso de cebra
zebră

cubo de la basura
pubelă

semáforo
semafor

cabaña

cabană

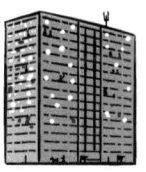

apartamento

apartament

estación de tren

gară

ayuntamiento

primărie

museo

muzeu

escuela

școală

universidad

universitate

banco

bancă

hospital

spital

hotel

hotel

farmacia

farmacie

oficina

birou

librería

librărie

negocio

magazin

florería

florărie

supermercado

supermarket

mercado

piață

grandes almacenes

magazin universal

pescadería

comerciant de pește

centro comercial

centru comercial

puerto

port

ciudad - oraș

parque

parc

banco

bancă

puente

pod

escalera

trepte

metro

metrou

túnel

tunel

parada de autobuses

stație de autobuz

bar

bar

restaurante

restaurant

buzón de correo

cutie poștală

letrero

tăbliță indicatoare cu
numele străzii

parquímetro

parcometru

zoológico

grădină zoologică

piscina

piscină

mezquita

moschee

ciudad - oraș

granja
gospodărie ţărănească

polución
poluare

cementerio
cimitir

iglesia
biserică

parque infantil
loc de joacă

templo
templu

paisaje

peisaj

hoja
frunză

indicador de camino
indicator

sendero
drum

pradera
pajişte

piedra
piatră

árbol
copac

caminante
drumeţ

río
râu

pasto
iarbă

flor
floare

valle
vale

montaña
deal

lago
lac

bosque
pădure

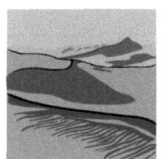

desierto
deșert

volcán
vulcan

castillo
castel

arco iris
curcubeu

seta
ciupercă

palmera
palmier

mosquito
țânțar

mosca
muscă

hormiga
furnică

abeja
albină

araña
păianjen

escarabajo

gândac

rana

broască

ardilla

veveriță

erizo

arici

liebre

iepure

lechuza

bufniță

pájaro

pasăre

cisne

lebădă

jabalí

porc mistreț

ciervo

cerb

alce

elan

embalse

dig

aerogenerador

turbină eoliană

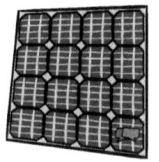

módulo solar

panou solar

clima

climă

restaurante
restaurant

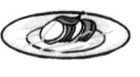

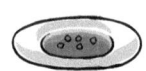

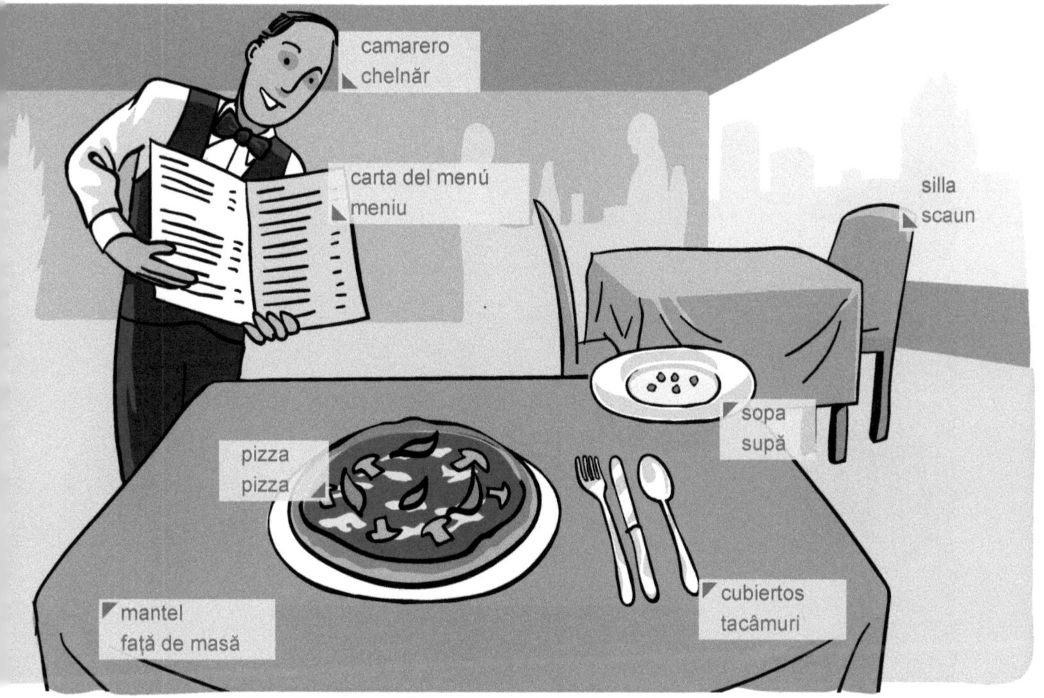
camarero
chelnăr
carta del menú
meniu
silla
scaun
sopa
supă
pizza
pizza
cubiertos
tacâmuri
mantel
față de masă

entrada

antreu

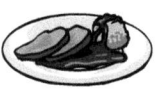

plato principal

fel principal

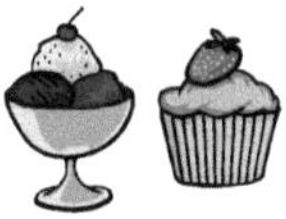

postre

desert

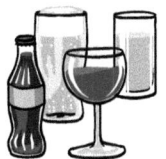

bebida

băuturi

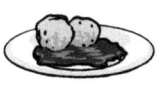

comida

mâncare

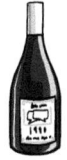

botella

sticlă

comida rápida
fastfood

comida callejera
streetfood

tetera
ceainic

azucarera
zaharniță

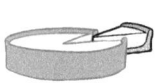

porción
porție

máquina de espresso
espressor

silla alta
scaun înalt (pentru copii)

factura
factură

bandeja
tavă

cuchillo
cuțit

tenedor
furculiță

cuchara
lingură

cuchara de té
linguriță

servilleta
șervețel

vaso
pahar

restaurante - restaurant

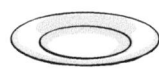

plato
farfurie

plato de sopa
farfurie de supă

platillo
farfurie

salsa
sos

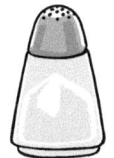

salero
solniță

molinillo para pimienta
râșniță de piper

vinagre
oțet

aceite
ulei

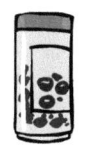

especias
condimente

ketchup
ketchup

mostaza
muștar

mayonesa
maioneză

supermercado
supermarket

oferta
ofertă
FOR
cliente
client
productos lácteos
produse lactate
fruta
fructe
carrito de compras
cărucior de cumpărături

BUTCHERS

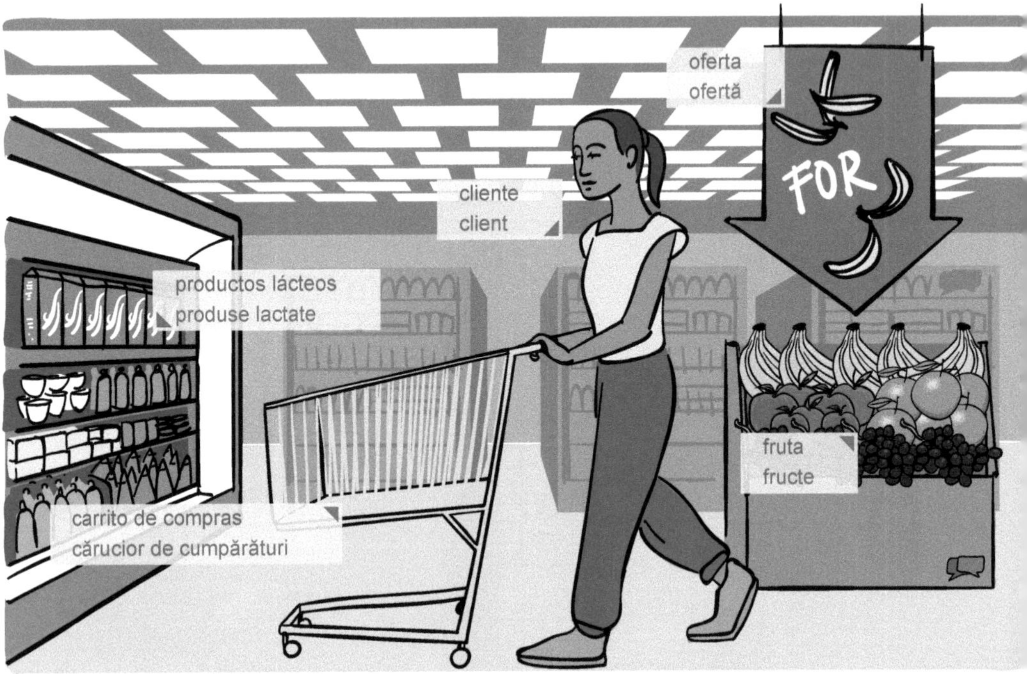

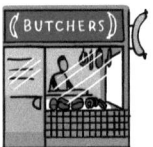

carnicería
....
măcelărie

BAKERY

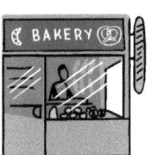

panadería
....
brutărie

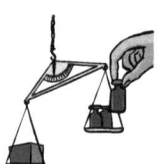

pesar
....
a cântări

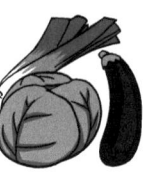

verdura
....
legume

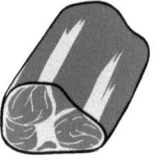

carne
....
carne

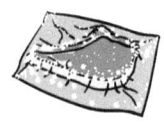

alimentos congelados
....
alimente refrigerate

fiambre
mezeluri și brânzeturi feliate

conservas
conserve

detergente en polvo
detergent

dulces
dulciuri

artículos domésticos
articole de menaj

productos de limpieza
produse de curățenie

vendedora
vânzătoare

caja
casă

cajero
casier

lista de compras
listă de cumpărături

horario de atención
orar

cartera
portmoneu

tarjeta de crédito
carte de credit

maleta
geantă

bolsa plástica
pungă de plastic

agua

apă

jugo

suc

leche

lapte

refresco de cola

cola

vino

vin

cerveza

bere

alcohol

alcool

cacao

cacao

té

ceai

café

cafea

espresso

espresso

cappuccino

cappucino

banana

banane

manzana

măr

naranja

portocală

sandía

pepene

limón

lămâie

zanahoria

morcov

ajo

usturoi

bambú

bambus

cebolla

ceapă

seta

ciupercă

nueces

nuci

fideos

paste făinoase

espagueti

spagheti

arroz

orez

ensalada

salată

patatas fritas

cartofi prăjiți

patatas salteadas

cartofi țărănești

pizza

pizza

hamburguesa

hamburger

sándwich

sandwich

escalope

șnițel

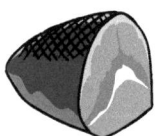

jamón

șuncă

salame

salam

embutido

cârnați

pollo

pui

asado

friptură

pescado

pește

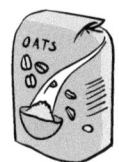

copos de avena

fulgi de ovăz

musli

musli

copos de maíz tostado

cereale

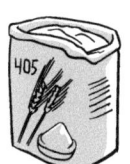

harina

făină

croissant

corn

panecillo

chifle

pan

pâine

tostada

pâine prăjită

galletas

biscuiți

mantequilla

unt

cuajada

brânză de vaci

pastel

prăjitură

huevo

ou

huevo frito

ouă ochiuri

queso

brânză

helado

îngheţată

azúcar

zahăr

miel

miere

mermelada

marmeladă

praliné

cremă nuga

curry

curry

comida - mâncare

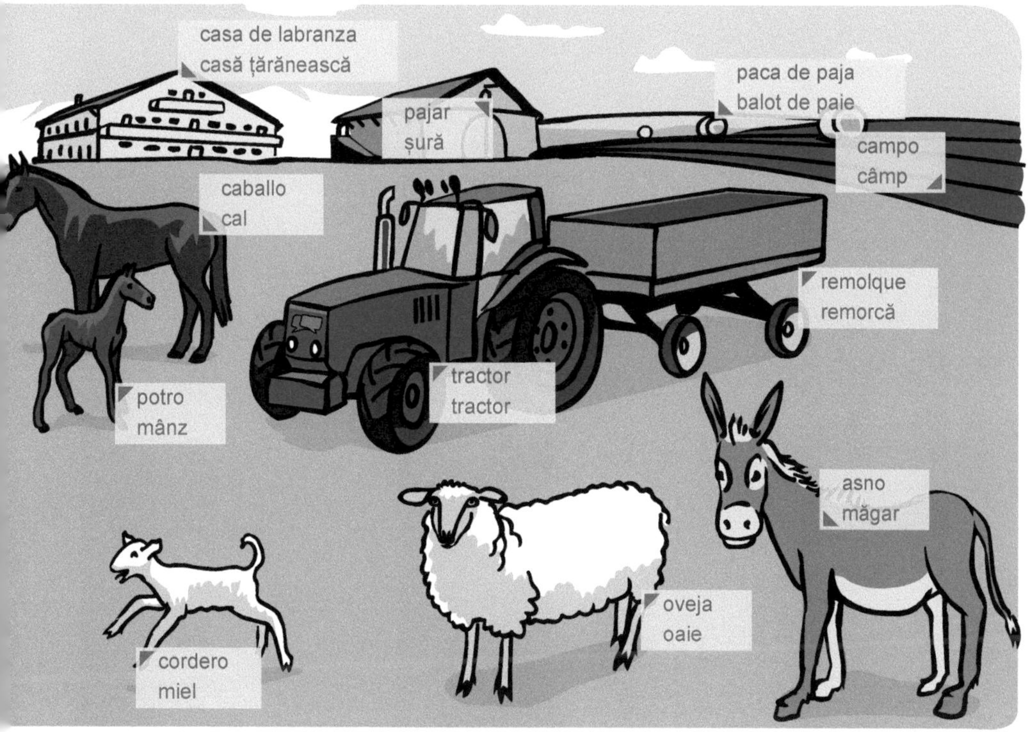

casa de labranza
casă țărănească

paca de paja
balot de paie

pajar
șură

campo
câmp

caballo
cal

remolque
remorcă

potro
mânz

tractor
tractor

asno
măgar

cordero
miel

oveja
oaie

cabra
capră

vaca
vacă

ternero
vițel

cerdo
porc

lechón
purcel

toro
taur

ganso
găină

pato
rață

polluelo
pui

pollo
găină

gallo
cocoș

rata
șobolan

gato
pisică

ratón
șoarece

buey
bou

perro
câine

caseta del perro
cușcă

manguera de riego
furtun de grădină

regadera
stropitoare

guadaña
coasă

arado
plug

hoz

secerǎ

azada

sapǎ

bieldo

furcǎ

hacha

secure

carretilla

roabǎ

abrevadero

troacǎ

lechera

canǎ pentru lapte

saco

sac

cerca

gard

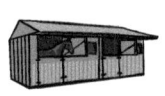

establo

grajd

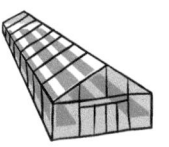

invernadero

serǎ

suelo

sol

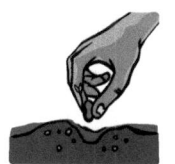

semilla

sǎmânțǎ

fertilizante

fertilizator

cosechadora

combinǎ de treierat

cosechar

a culege

cosecha

recoltă

raíz de ñame

cartof yam

trigo

grâu

soja

soia

patata

cartof

maíz

porumb

colza

rapiță

Árbol frutal

pom fructifer

mandioca

manioc

cereales

cereale

casa
casă

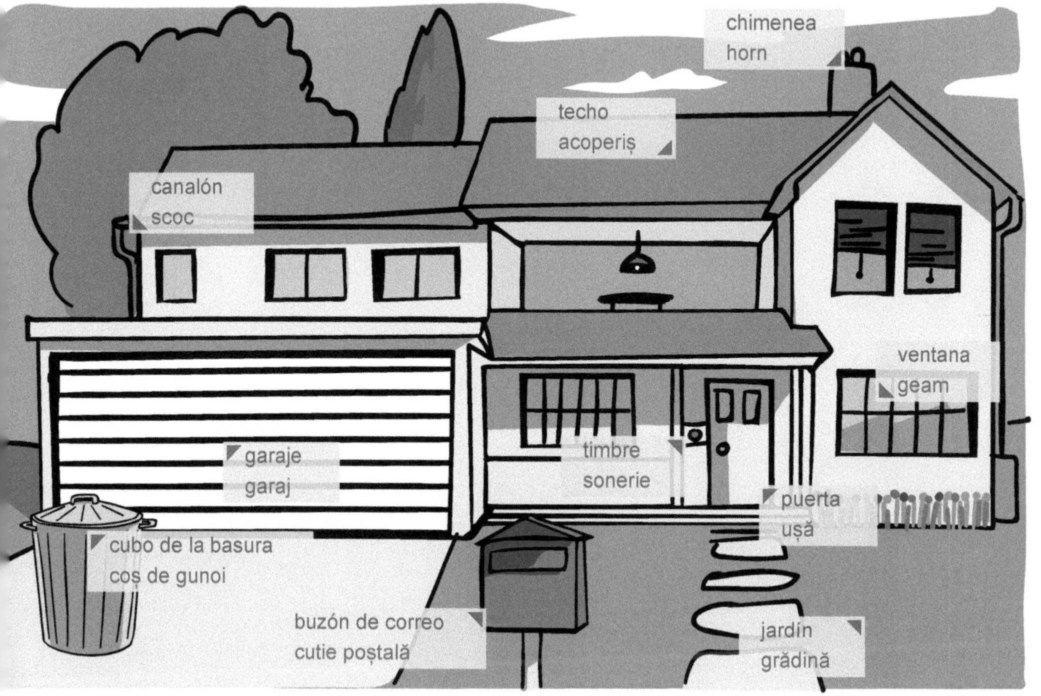
chimenea
horn
techo
acoperiș
canalón
scoc
ventana
geam
garaje
garaj
timbre
sonerie
puerta
ușă
cubo de la basura
coș de gunoi
buzón de correo
cutie poștală
jardín
grădină

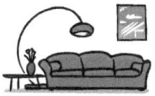

cuarto de estar

camera de zi

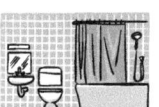

cuarto de baño

baie

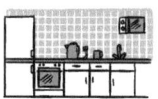

cocina

bucătărie

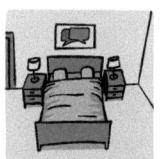

dormitorio

dormitor

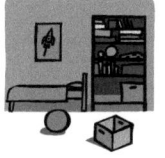

cuarto de los niños

camera copiilor

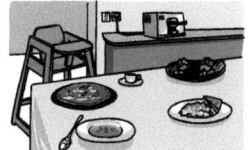

comedor

sufragerie

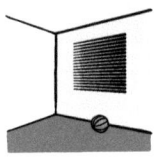

piso

podea

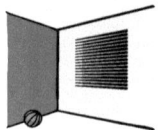

pared

perete

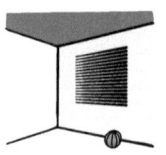

cielorraso

tavan

sótano

pivniță

sauna

saună

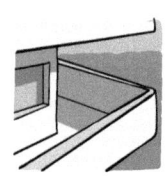

balcón

balcon

terraza

terasă

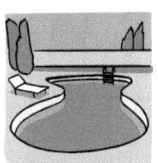

piscina

piscină

cortacésped

mașină de tuns iarba

funda nórdica

cearșaf

edredón

cuvertură

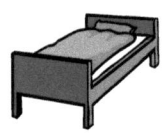

cama

pat

escoba

mătură

cubo

găleată

interruptor

întrerupător

cuarto de estar
cameră de zi

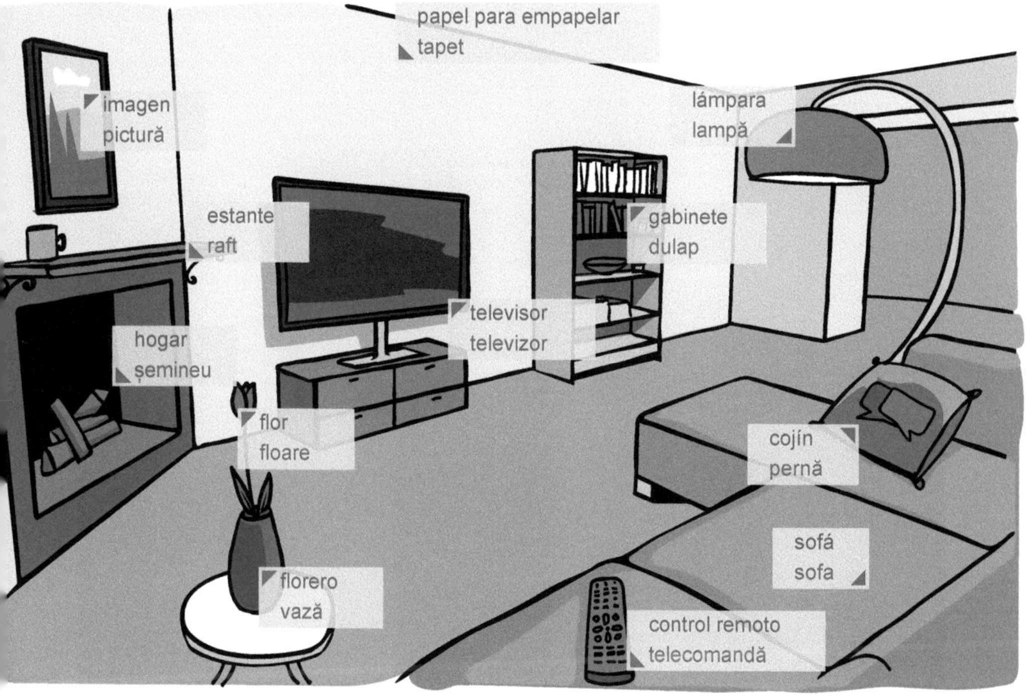
papel para empapelar
tapet
imagen
pictură
lámpara
lampă
estante
raft
gabinete
dulap
televisor
televizor
hogar
șemineu
flor
floare
cojín
pernă
sofá
sofa
florero
vază
control remoto
telecomandă

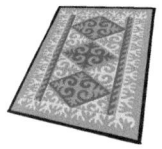

alfombra

covor

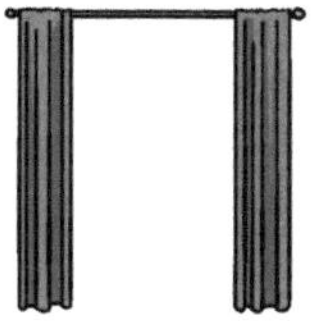

cortina

perdea

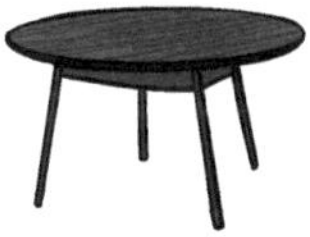

mesa

masă

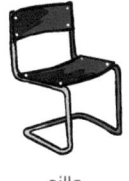

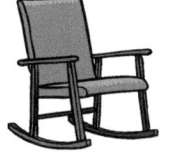

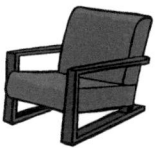

silla

scaun

mecedora

balansoar

sillón

fotoliu

libro
carte

frazada
pătură

decoración
decoraţiune

leña
lemn de foc

film
film

equipo estereofónico
instalaţie stereo

llave
cheie

periódico
ziar

cuadro
desen

póster
poster

radio
radio

bloc de notas
caiet de notiţe

aspiradora
aspirator

cactus
cactus

vela
lumânare

cocina
bucătărie

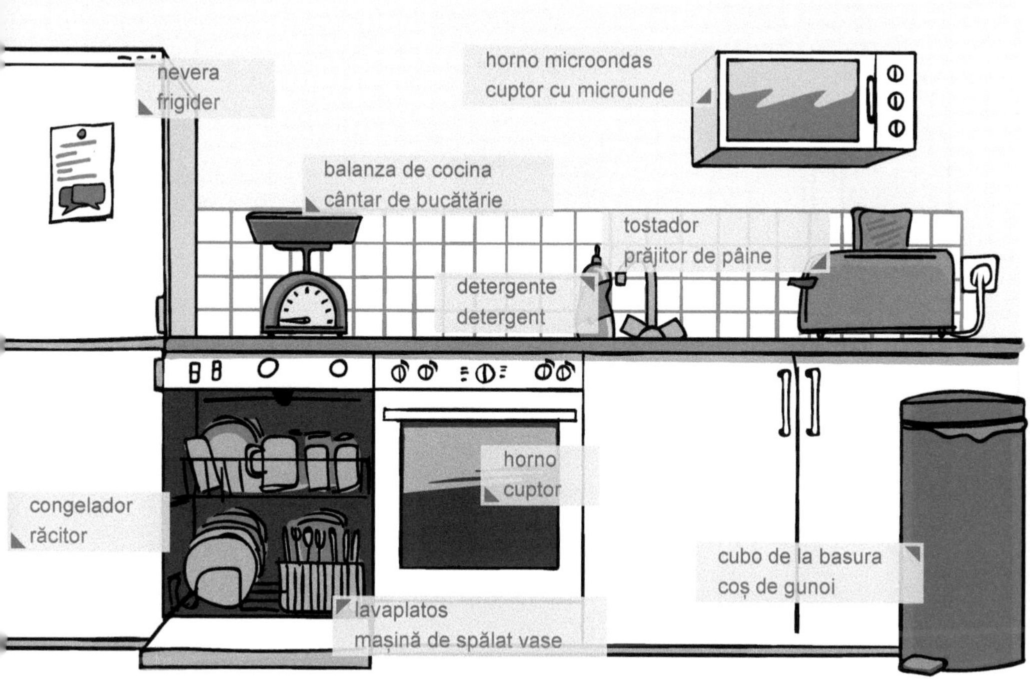

nevera
frigider
horno microondas
cuptor cu microunde
balanza de cocina
cântar de bucătărie
tostador
prăjitor de pâine
detergente
detergent
horno
cuptor
congelador
răcitor
cubo de la basura
coș de gunoi
lavaplatos
mașină de spălat vase

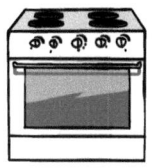

cocina

cuptor

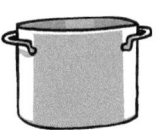

olla

oală

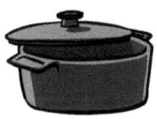

olla de fundición de hierro

oală de metal

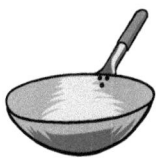

wok / kadai

wok/kadai

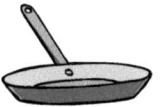

sartén

tigaie

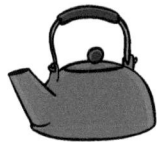

hervidor de agua

ceainic

olla de vapor

oală de gătit cu aburi

bandeja de horno

tavă de copt

vajilla

veselă

vaso

pahar

bol

bol

palillos para comer

bețișoare

cucharón de sopa

polonic

espátula

spatulă

batidor

tel

colador

sită

cedazo

sită

rallador

răzătoare

mortero

mojar

parrillada

grătar

fogata

loc pentru grătar

cocina - bucătărie

tabla de picar

tocător

rodillo

sucitor

sacacorchos

tirbușon

lata

conservă

abrelatas

deschizător de conserve

agarrador

șervete termice

fregadero

chiuvetă

cepillo

perie

esponja

burete

batidora

mixer

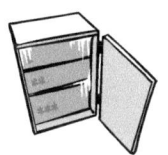

arcón congelador

ladă frigorifică

biberón

biberon

grifo

robinet

cuarto de baño
baie

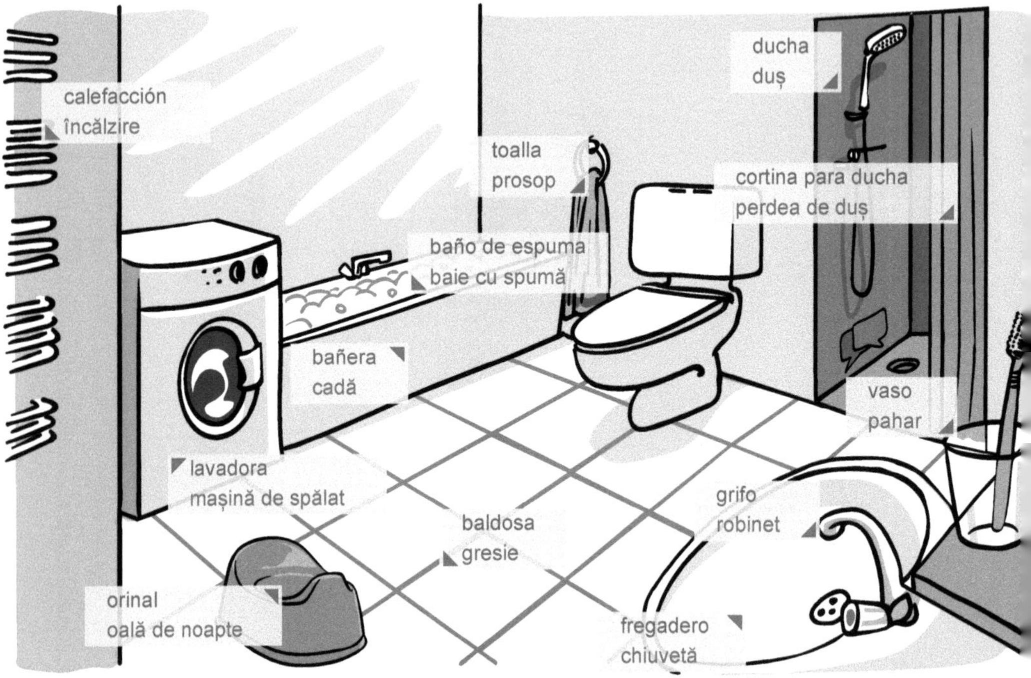

calefacción
încălzire
ducha
duș
toalla
prosop
cortina para ducha
perdea de duș
baño de espuma
baie cu spumă
bañera
cadă
lavadora
mașină de spălat
vaso
pahar
grifo
robinet
baldosa
gresie
orinal
oală de noapte
fregadero
chiuvetă

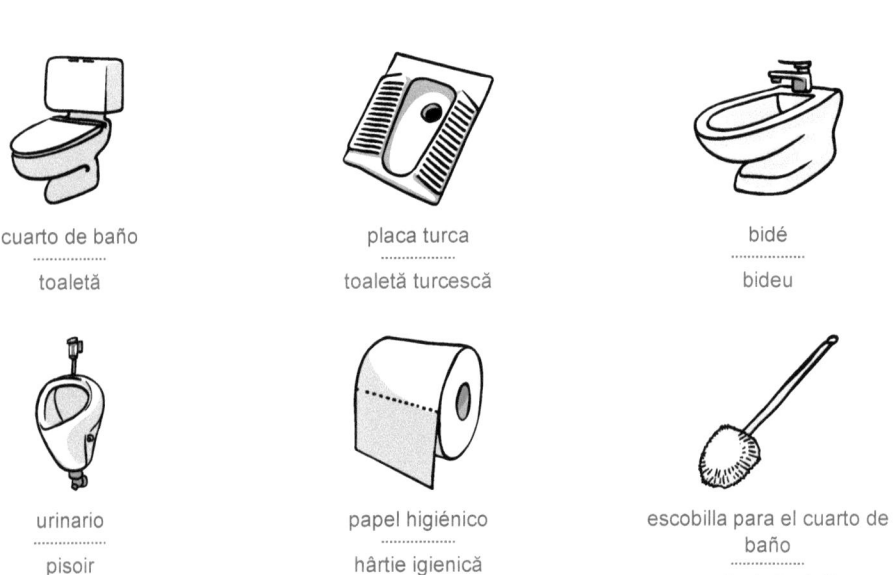

cuarto de baño
....
toaletă

placa turca
....
toaletă turcească

bidé
....
bideu

urinario
....
pisoir

papel higiénico
....
hârtie igienică

escobilla para el cuarto de baño
....
perie de toaletă

cepillo de dientes

periuță de dinți

pasta dentífrica

pastă de dinți

seda dental

ață dentară

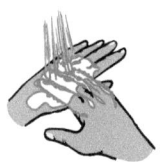

lavar

a spăla

ducha teléfono

cap de duș

ducha higiénica

duș intim

cuenco

lavoar

cepillo para la espalda

perie pentru spate

jabón

săpun

gel de ducha

gel de duș

champú

șampon

manopla para baño

cârpă de spălat

desagüe

scurgere

crema

cremă

desodorante

deodorant

cuarto de baño - baie

espejo

oglindă

espejo de maquillaje

oglindă cosmetică

máquina de afeitar

aparat de ras

espuma de afeitar

spumă de ras

loción para después del afeitado

aftershave

peine

pieptene

cepillo

perie

secador para cabello

uscător de păr

laca de peinado

fixator

maquillaje

machiaj

lápiz labial

ruj

laca para uñas

lac de unghii

algodón

vată

tijera para uñas

foarfece de unghii

perfume

parfum

neceser

neseser

taburete

taburet

balanza

cântar

bata de baño

halat de baie

guantes de goma

mănuși de cauciuc

tampón

tampon

compresa

tampon

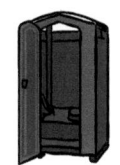

wáter químico

toaletă chimică

cuarto de los niños
camera copiilor

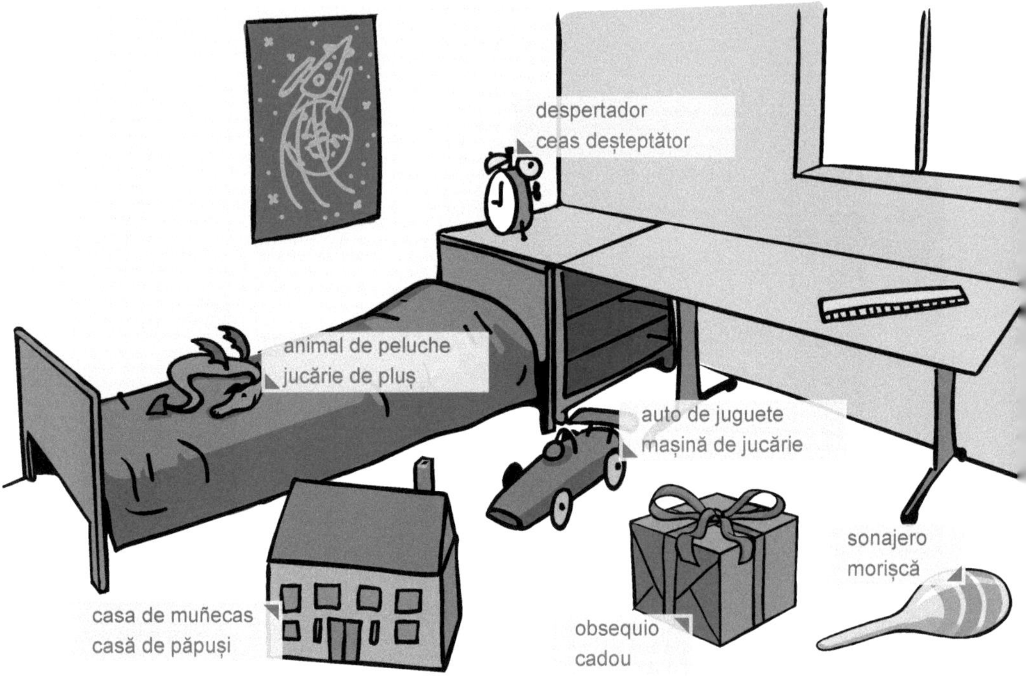

despertador
ceas deșteptător
animal de peluche
jucărie de pluș
auto de juguete
mașină de jucărie
sonajero
morișcă
casa de muñecas
casă de păpuși
obsequio
cadou

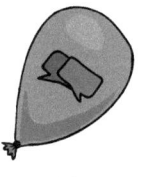

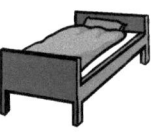

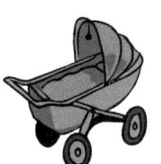

globo

balon

cama

pat

cochecito para niños

cărucior de copii

juego de barajas

joc de cărți

rompecabezas

puzzle

SUPER
MEGA

cómic

revistă de benzi desenate

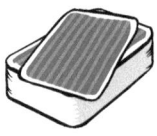

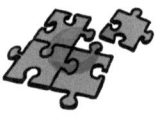

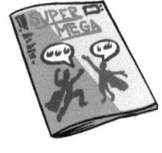

piezas de Lego
....
cuburi lego

bloques para jugar
....
piese pentru construcții

figura de acción
....
personaj din filmele de acțiune

pijama de una pieza
....
body

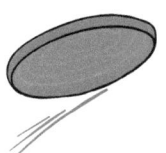

frisbee
....
frisbee

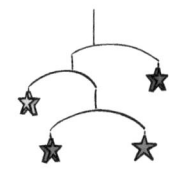

móvil
....
mobil

juego de mesa
....
joc de societate

dado
....
zar

tren eléctrico a escala
....
set trenuleț de jucărie

chupete
....
suzetă

fiesta
....
petrecere

libro de dibujos
....
carte cu poze

pelota
....
minge

títere
....
păpușă

jugar
....
a se juca

arenero

groapă de nisip

columpio

leagăn

juguetes

jucării

consola de videojuego

consolă video

triciclo

tricicletă

osito de peluche

ursuleț

guardarropa

dulap

vestimenta

îmbrăcăminte

calcetines

șosete

medias

ciorapi

panti

dres

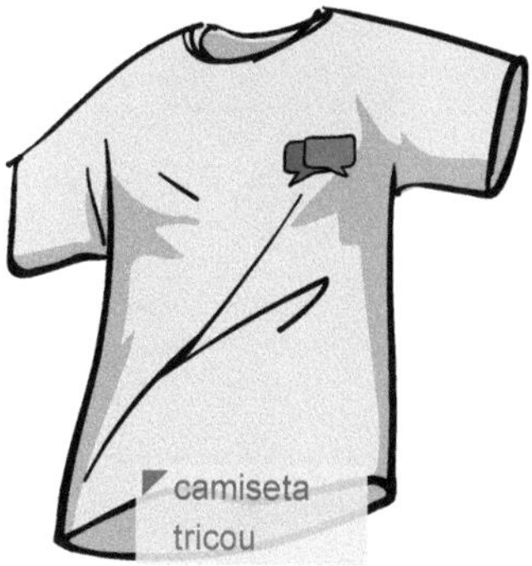

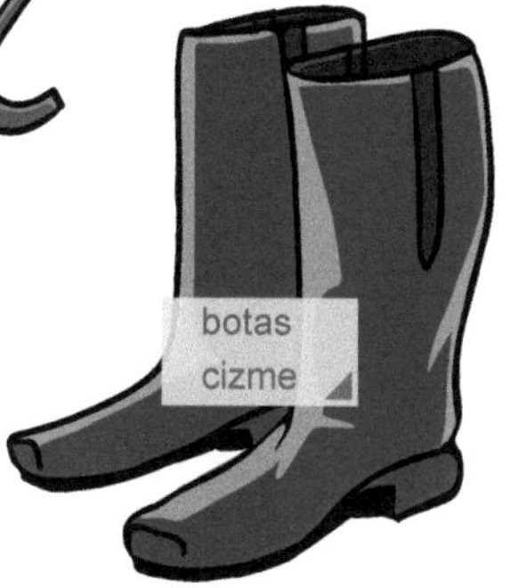

chal
șal

cinturón
curea

paraguas
umbrelă

camiseta
tricou

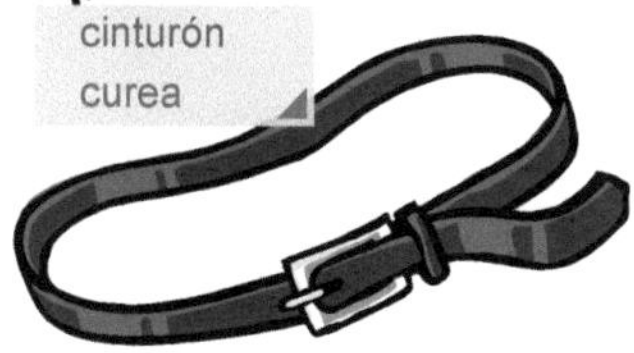

botas
cizme

zapatilla
papuci

deportivas
pantofi sport

sandalias
....
sandale

zapatos
....
încălțăminte

botas de goma
....
cizme de cauciuc

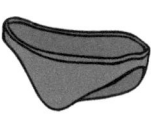

ropa interior
....
chilot

corpiño
....
sutien

camiseta
....
maiou

vestimenta - îmbrăcăminte

body
body

pantalón
pantaloni

jeans
blugi

falda
fustă

blusa
bluză

camisa
cămașă

pullover
pulover

sweater
jerseu

blazer
sacou

chaqueta
jachetă

abrigo
palton

impermeable
pelerină de ploaie

traje chaqueta
costum

vestido
rochie

vestido de bodas
rochie de mireasă

vestimenta - îmbrăcăminte

traje
costum

camisón
cămașă de noapte

pijama
pijama

sari
sari

pañuelo de cabeza
batic

turbante
turban

burka
burka

caftán
caftan

abaya
abaya

traje de baño
costum de baie

bañador
șort

shorts
pantaloni scurți

chándal
trening

delantal
șorț

guante
mănuși

botón

nasture

gafa

ochelari

brazalete

brățară

cadena

lanț

anillo

inel

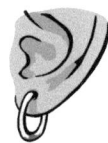

aro

cercel

gorra

căciulă

percha

umeraș

sombrero

pălărie

corbata

cravată

cierre a cremallera

fermoar

casco

cască

tiradores

bretele

uniforme escolar

uniformă școlară

uniforme

uniformă

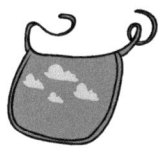

babero
....
bavețică

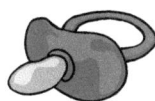

chupete
....
suzetă

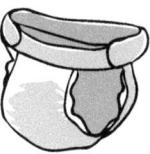

pañal
....
scutec

oficina
birou

servidor
server
archivador
dulap de acte
impresora
imprimantă
papel
hârtie
monitor
monitor
ratón
mouse
escritorio
masă de birou
carpeta
fișier
teclado
tastatură
cesto de papeles
coș de gunoi
ordenador
computer
silla
scaun

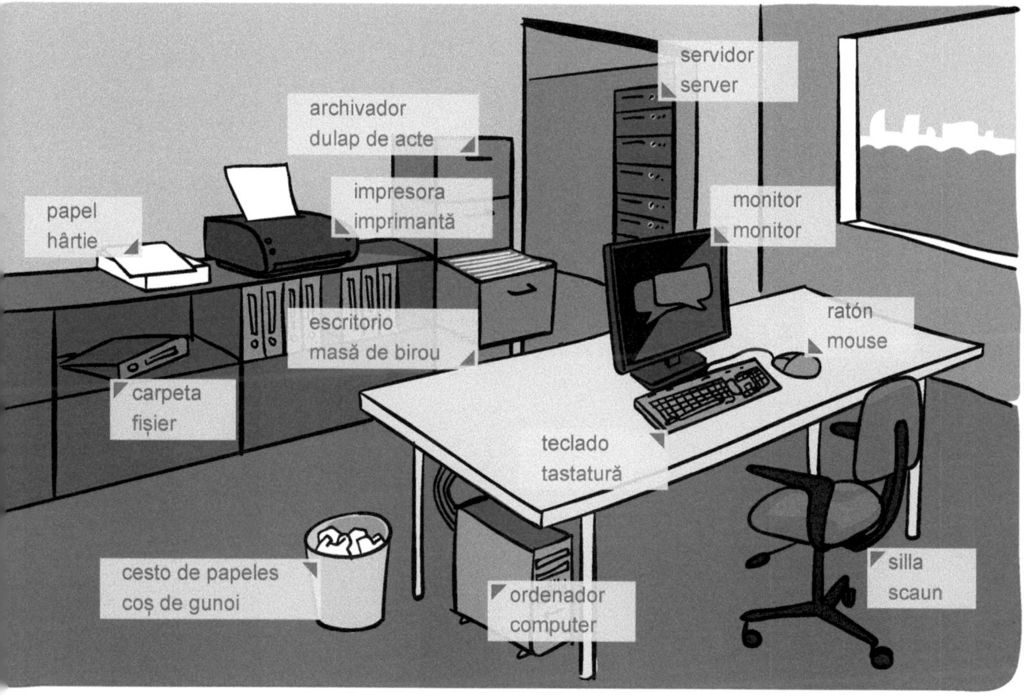

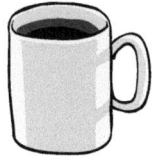

taza de café
....
ceașcă de cafea

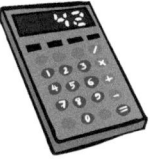

calculadora
....
calculator

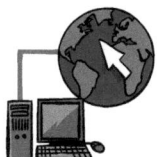

internet
....
internet

laptop

laptop

carta

scrisoare

mensaje

mesaj

teléfono móvil

telefon mobil

red

rețea

fotocopiadora

copiator

software

software

teléfono

telefon

tomacorriente

priză

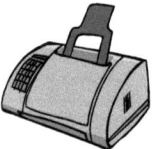

máquina de fax

fax

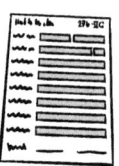

formulario

formular

documento

document

oficina - birou

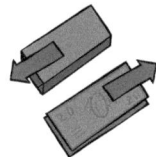

comprar

a cumpăra

pagar

a plăti

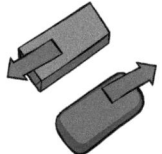

comerciar

a face comerț

dinero

bani

dólar

Dolar

euro

Euro

yen

Yen

rublo

Rublă

franco

Franc Elvețian

renminbi

renminbi yuan

rupia

Rupie

cajero automático

bancomat

casa de cambio

casă de schimb valutar

oro

aur

plata

argint

petróleo

petrol

energía

energie

precio

preț

contrato

contract

impuesto

impozit

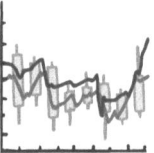

acción

acțiune

trabajar

a munci

empleado

angajat

empleador

angajator

fábrica

fabrică

negocio

magazin

economía - economie

ocupaciones
ocupații

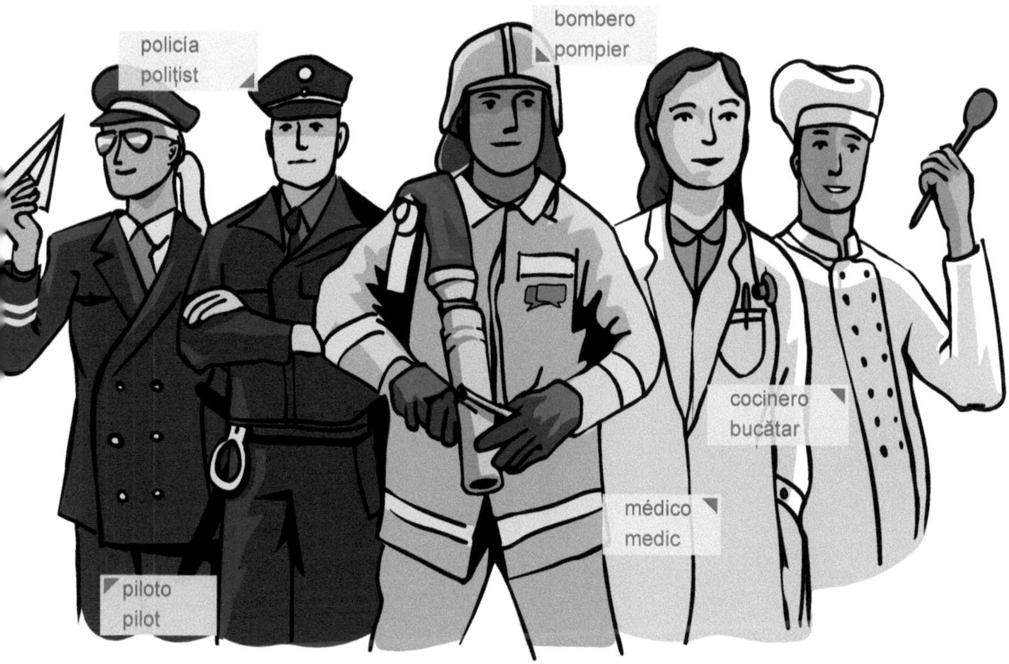

bombero
pompier
policía
polițist
cocinero
bucătar
médico
medic
piloto
pilot

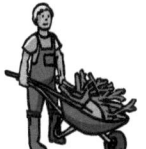

jardinero

grădinar

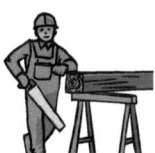

carpintero

tâmplar

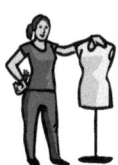

costurera

cusătoreasă

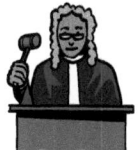

juez

judecător

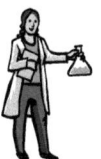

químico

chimist

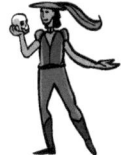

actor

actor

conductor de autobús

șofer de autobuz

taxista

șofer de taxi

pescador

pescar

mujer de la limpieza

femeie de serviciu

techista

tinichigiu

camarero

chelnăr

cazador

vânător

pintor

pictor

panadero

brutar

electricista

electrician

albañil

muncitor în construcții

ingeniero

inginer

carnicero

măcelar

fontanero

instalator

cartero

poștaș

soldado

soldat

arquitecto

arhitect

cajero

casier

florista

florar

peluquero

frizer

cobrador

controlor

mecánico

mecanic

capitán

căpitan

odontólogo

stomatolog

científico

om de știință

rabino

rabin

imam

imam

monje

călugăr

párroco

preot

herramientas
instrumente

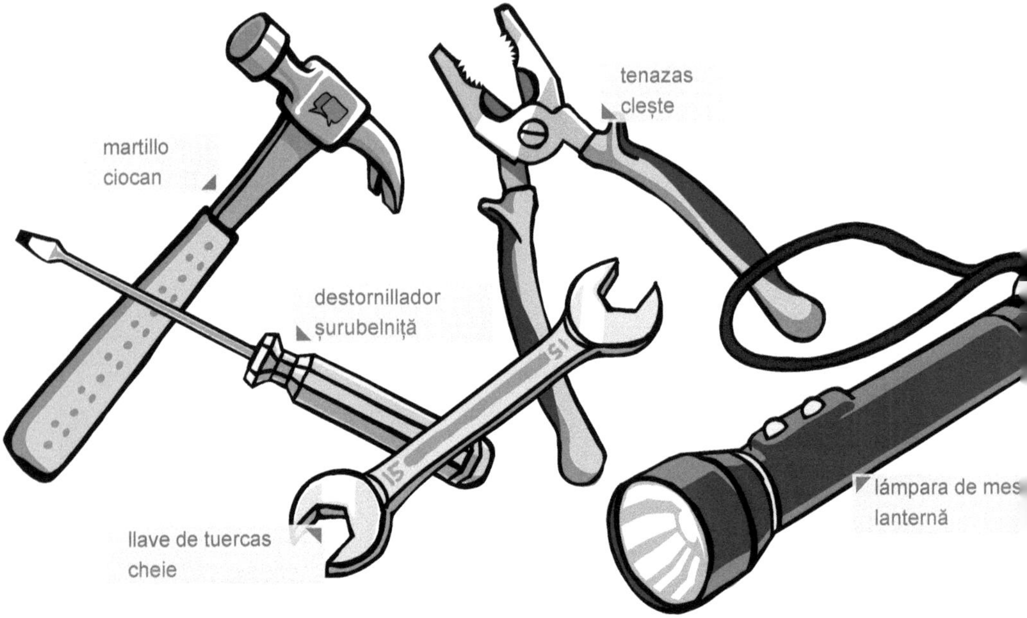

martillo
ciocan
tenazas
cleşte
destornillador
şurubelniţă
llave de tuercas
cheie
lámpara de mes
lanternă

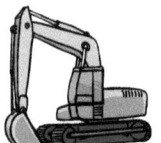

excavadora

excavator

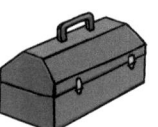

caja de herramientas

cutie de scule

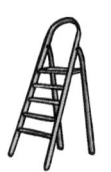

escalerilla

scară

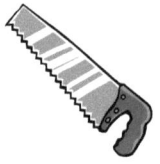

serrucho

ferăstrău

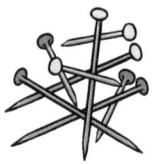

clavos

cuie

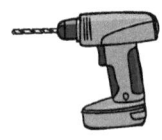

taladro

burghiu

reparar
a repara

pala
lopată

¡Maldición!
La naiba!

recogedor
făraș

lata de pintura
vas pentru vopsea

tornillos
șuruburi

instrumentos musicales
instrumente muzicale

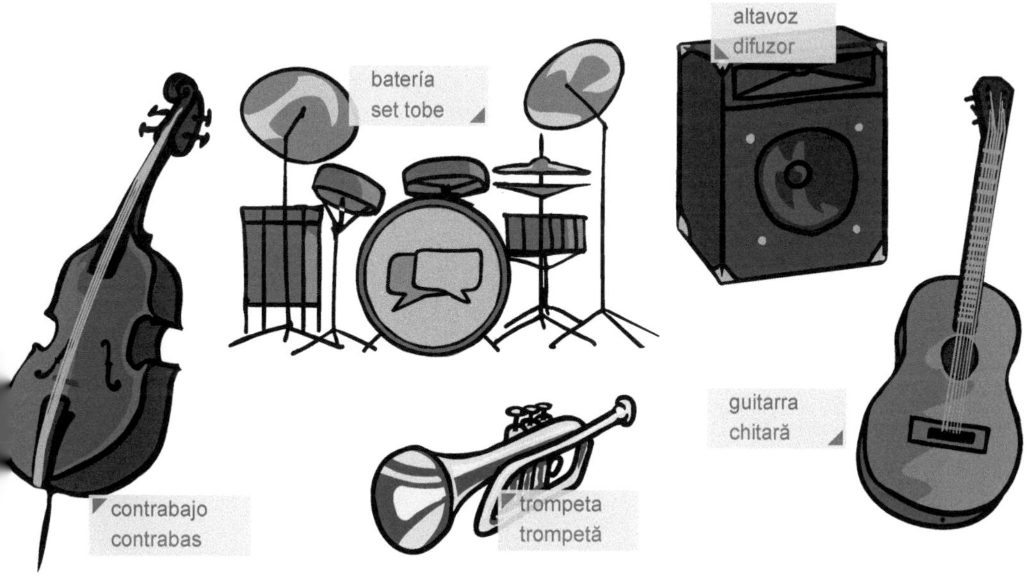

altavoz
difuzor

batería
set tobe

guitarra
chitară

contrabajo
contrabas

trompeta
trompetă

piano
pian

violín
vioară

bajo
bas

timbales
trombon

tambor
tobă

teclado
keyboard

saxofón
saxofon

flauta
fluier

micrófono
microfon

zoológico
grădină zoologică

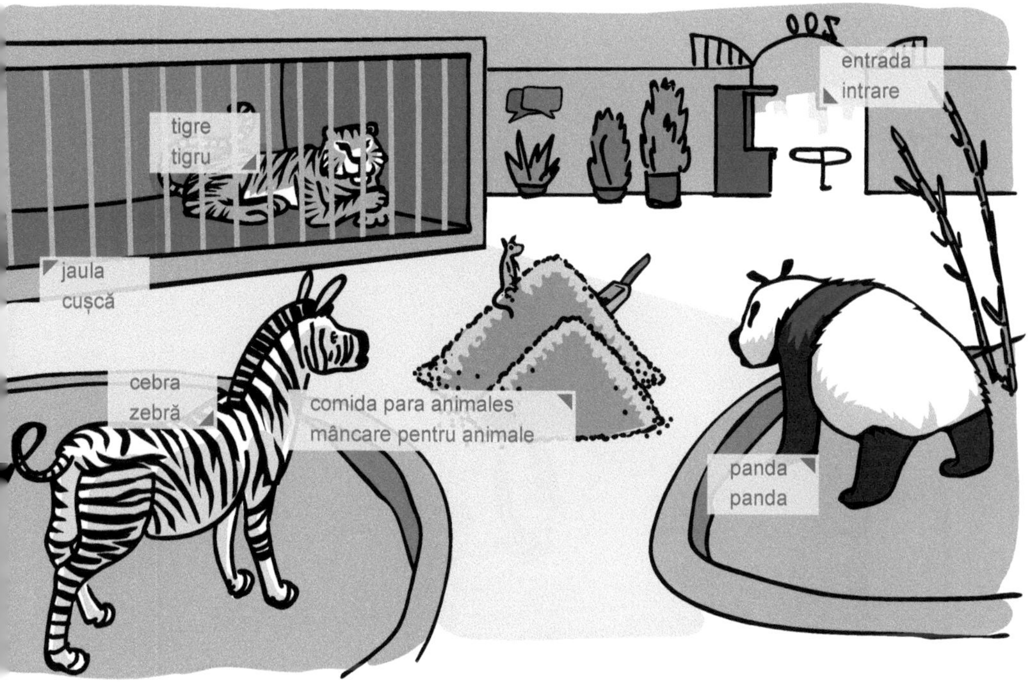

entrada
intrare
tigre
tigru
jaula
cușcă
cebra
zebră
comida para animales
mâncare pentru animale
panda
panda

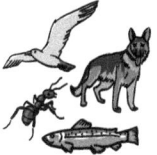

animales
animale

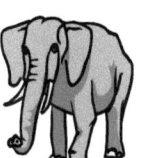

elefante
elefant

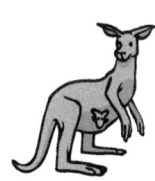

canguro
cangur

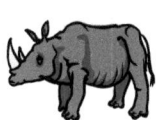

rinoceronte
rinocer

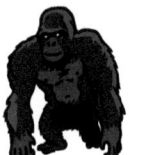

gorila
gorilă

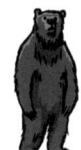

oso
urs

camello

cămilă

avestruz

struț

león

leu

mono

maimuță

flamengo

flamingo

papagayo

papagal

oso polar

urs polar

pingüino

pinguin

tiburón

rechin

pavo real

păun

serpiente

șarpe

cocodrilo

crocodil

cuidador del zoológico

îngrijitor grădina zoologică

foca

focă

jaguar

jaguar

zoológico - grădină zoologică

pony
ponei

leopardo
leopard

hipopótamo
hipopotam

jirafa
girafă

águila
acvilă

jabalí
porc mistreț

pescado
pește

tortuga
broască țestoasă

morsa
morsă

zorro
vulpe

gacela
gazelă

fútbol americano
fotbal american

ciclismo
ciclism

tenis
tenis

baloncesto
basketball

natación
înot

boxeo
box

hockey sobre hielo
hockey pe gheață

fútbol
fotbal

badminton
badminton

atletismo
atletism

balonmano
handbal

esquí
schi

polo
polo

activitidades
activități

reír
a râde
saltar
a sări
abrazar
a îmbrățișa
caminar
a merge
cantar
a cânta
soñar
a visa
rezar
a se ruga
besar
a săruta

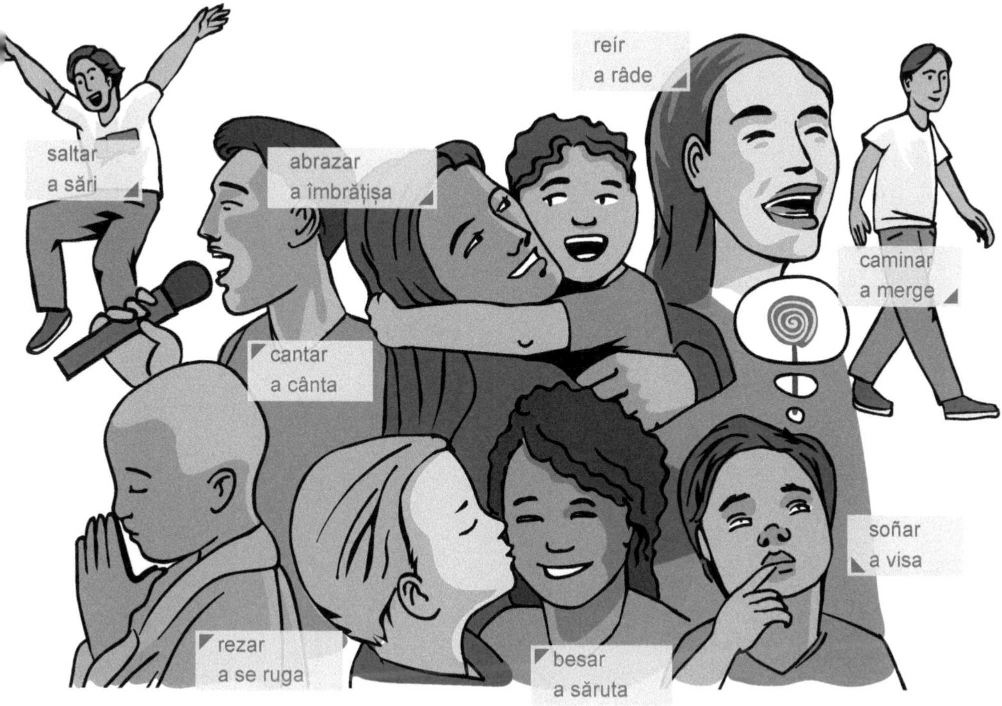

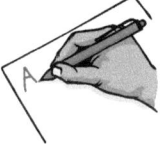

escribir

a scrie

dibujar

a desena

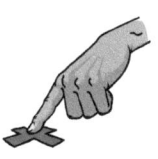

mostrar

a arăta

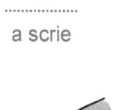

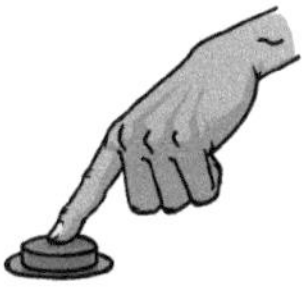

presionar

a împinge

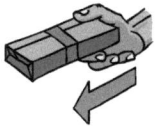

dar

a da

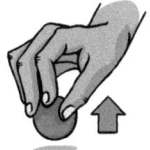

tomar

a lua

tener
a avea

hacer
a face

ser
a fi

estar de pie
a sta în picioare

correr
a fugi

tirar
a trage

arrojar
a arunca

caer
a cădea

estar acostado
a sta întins

esperar
a aștepta

llevar
a purta

estar sentado
a ședea

vestirse
a se îmbrăca

dormir
a dormi

despertar
a se trezi

mirar

a privi

llorar

a plânge

acariciar

a mângâia

peinarse

a se pieptăna

conversar

a vorbi

entender

a înțelege

preguntar

a întreba

oír

a asculta

beber

a bea

comer

a mânca

asear

a face ordine

amar

a iubi

cocinar

a găti

conducir

a conduce

volar

a zbura

navegar

a naviga

calcular

a calcula

leer

a citi

aprender

a învăța

trabajar

a munci

casarse

a se căsători

coser

a coase

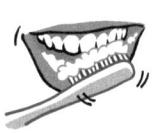

limpiarse los dientes

a se spăla pe dinți

matar

a ucide

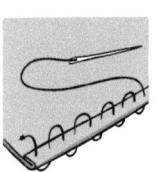

fumar

a fuma

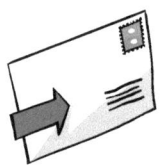

enviar

a trimite

actividades - activități

familia
familie

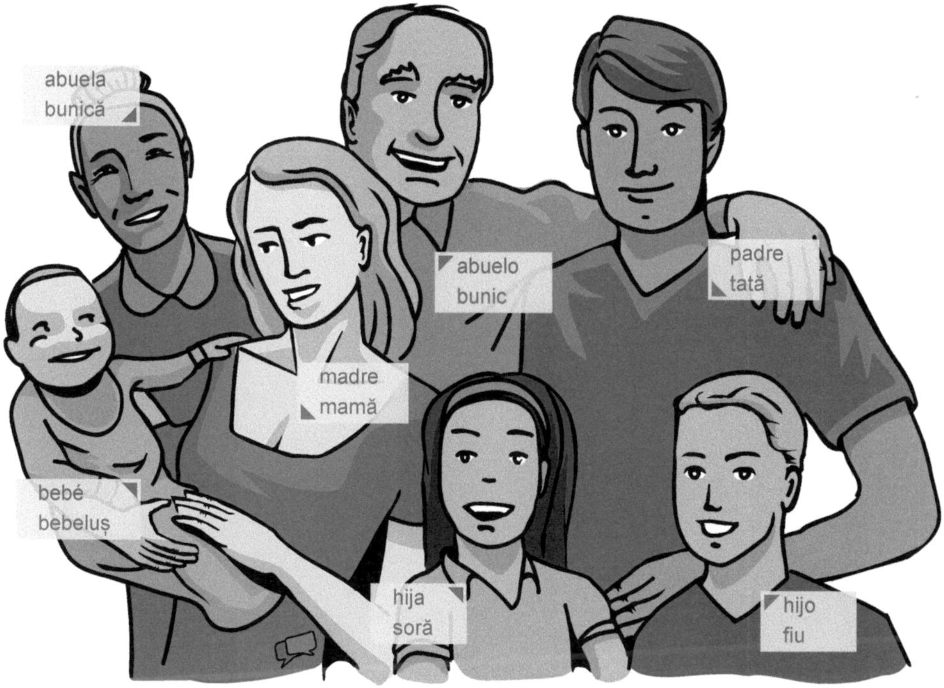

abuela
bunică
abuelo
bunic
padre
tată
madre
mamă
bebé
bebeluș
hija
soră
hijo
fiu

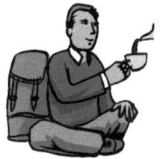

invitado

oaspete

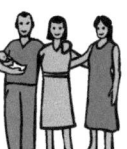

tía

mătușă

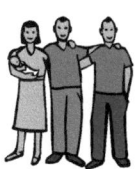

tío

unchi

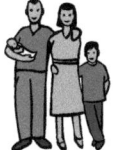

hermano

frate

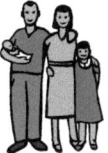

hermana

soră

cuerpo
corp

frente
frunte
ojo
ochi
hombro
umăr
dedo
deget
cara
față
barbilla
bărbie
mano
mână
pecho
piept
pierna
picior
brazo
braț

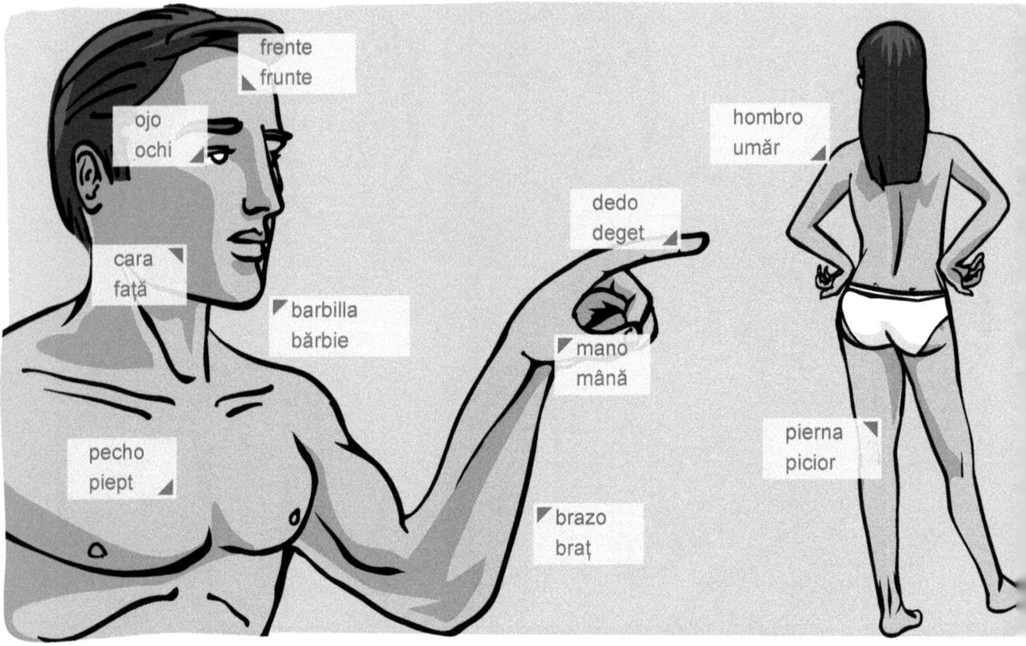

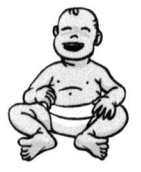

bebé
bebeluș

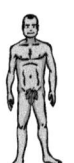

hombre
bărbat

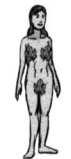

mujer
femeie

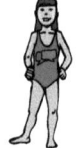

muchacha
fată

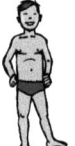

joven
băiat

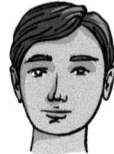

cabeza
cap

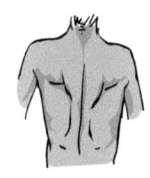

espalda

spate

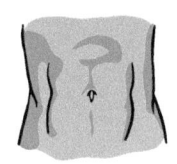

vientre

abdomen

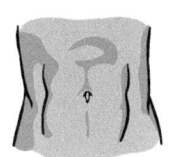

ombligo

ombilic

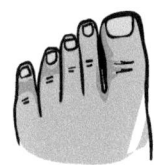

dedo del pie

deget de la picior

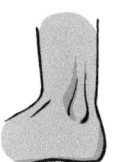
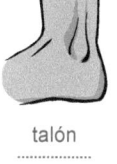

talón

călcâi

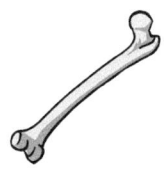

hueso

os

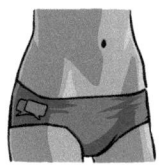

cadera

șold

rodilla

genunchi

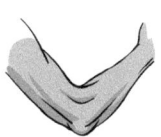

codo

cot

nariz

nas

trasero

fund

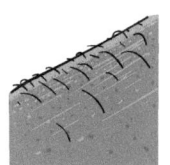

piel

piele

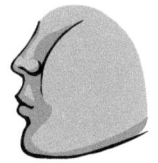

mejilla

obraz

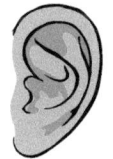

oreja

ureche

labio

buză

boca

gură

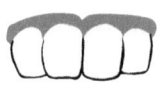

diente

dinte

lengua

limbă

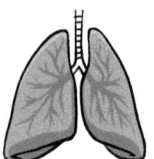

cerebro

creier

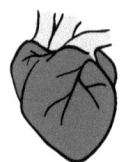

corazón

inimă

músculo

mușchi

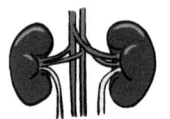

pulmón

plămân

hígado

ficat

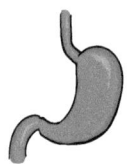

estómago

stomac

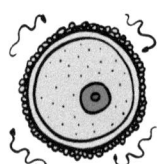

riñones

rinichi

relación sexual

sex

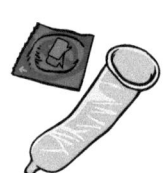

condón

prezervativ

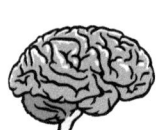

Óvulo

ovul

esperma

spermă

embarazo

sarcină

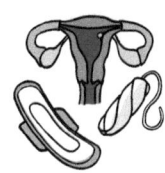

menstruación
....
menstruație

vagina
....
vagin

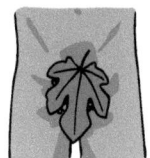

pene
....
penis

ceja
....
sprânceană

cabello
....
păr

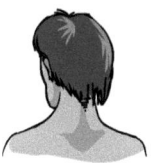

cuello
....
gât

hospital
spital

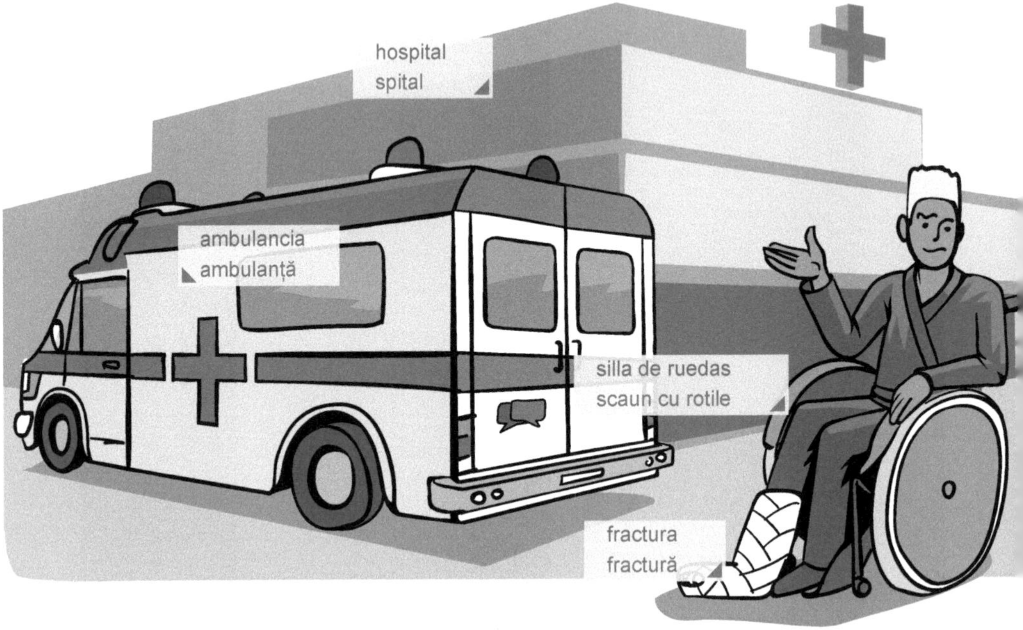

hospital
spital
ambulancia
ambulanță
silla de ruedas
scaun cu rotile
fractura
fractură

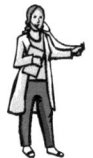

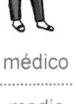

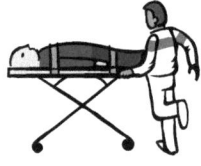

médico

medic

admisión de urgencia

unitate de primiri urgențe

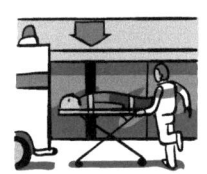

enfermera

soră medicală

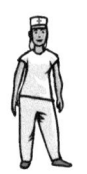

emergencia

urgență

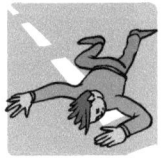

inconsciente

inconștient

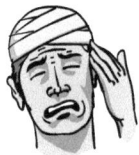

dolor

durere

lesión

leziune

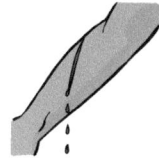

hemorragia

sângerare

infarto de miocardio

infarct miocardic

apoplejía cerebral

atac cerebral

alergia

alergie

tos

tuse

fiebre

febră

gripe

gripă

diarrea

diaree

dolor de cabeza

durere de cap

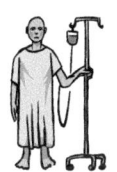

cáncer

cancer

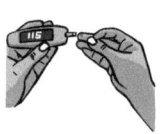

diabetes

diabet

cirujano

chirurg

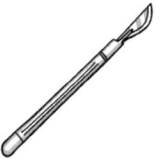

escalpelo

scalpel

operación

operație

TC
CT

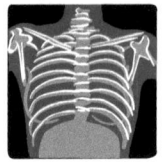

rayos X
raze Röntgen

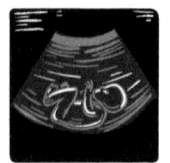

ultrasonido
ultrasunet

máscara
mască

enfermedad
boală

sala de espera
sală de așteptare

muleta
cârjă

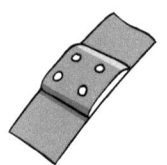

emplasto
plasture

vendaje
bandaj

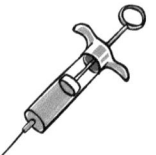

inyección
injecție

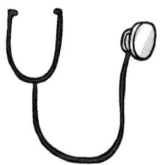

estetoscopio
stetoscop

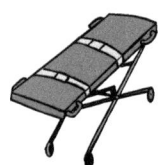

camilla
targă

termómetro
termometru

nacimiento
naștere

sobrepeso
supraponderabilitate

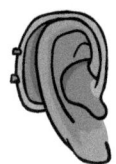

audífono

aparat auditiv

desinfectante

dezinfectant

infección

infecție

virus

virus

VIH / SIDA

HIV/SIDA

medicina

medicină

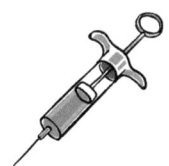

vacunación

vaccin

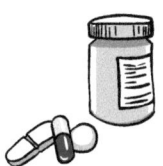

comprimido

tablete

píldora anticonceptiva

pastilă

llamada de emergencia

apel de urgență

medidor de presión arterial

aparat de măsurare a
presiunii arteriale

enfermo / saludable

bolnav/sănătos

¡Ayuda!

Ajutor!

alarma

alarmă

asalto

agresiune

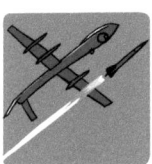

ataque

atac

peligro

pericol

salida de emergencia

ieșire de urgență

¡Fuego!

Foc!

extintor

extinctor

accidente

accident

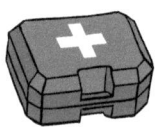

kit de primeros auxilios

trusă de prim-ajutor

SOS

SOS

Policía

poliție

Europa

Europa

América del Norte

America de Nord

América del Sur

America de Sud

África

Africa

Asia

Asia

Australia

Australia

Atlántico

Altantic

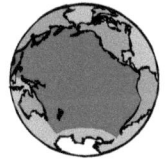

Pacífico

Pacific

Océano Índico

Oceanul Indian

Océano Antártico

Oceanul Antarctic

Océano Ártico

Oceanul Arctic

Polo Norte

Polul Nord

Polo Sur
Polul Sud

Antártida
Antarctica

Tierra
pământ

país
țară

mar
mare

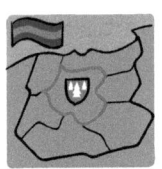

isla
insulă

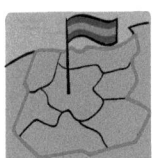

nación
națiune

Estado
stat

cuadrante

cadran

horario

orar

minutero

minutar

segundero

secundar

¿Qué hora es?

Cât e ceasul?

día

zi

tiempo

timp

ahora

acum

reloj digital

cead digital

minuto

minut

hora

oră

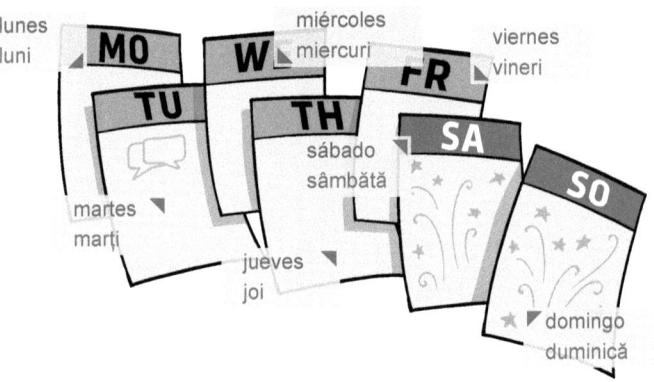

lunes
luni

miércoles
miercurì

viernes
vineri

martes
marţi

jueves
joi

sábado
sâmbătă

domingo
duminică

ayer
ieri

hoy
azi

mañana
mâine

mañana
dimineaţă

mediodía
amiază

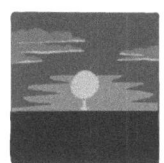

tarde
seară

MO	TU	WE	TH	FR	SA	SU
1	2	3	4	5	6	7
8	9	10	11	12	13	14
15	16	17	18	19	20	21
22	23	24	25	26	27	28
29	30	31	1	2	3	4

jornada de trabajo
zile lucrătoare

MO	TU	WE	TH	FR	SA	SU
1	2	3	4	5	6	7
8	9	10	11	12	13	14
15	16	17	18	19	20	21
22	23	24	25	26	27	28
29	30	31	1	2	3	4

fin de semana
week-end

año

an

lluvia
ploaie
arco iris
curcubeu
viento
vânt
nieve
zăpadă
primavera
primăvară
verano
vară
otoño
toamnă
invierno
iarnă

4.APRIL 11°
5.APRIL 4°
6.APRIL 13°
7.APRIL 8°
8.APRIL 10°

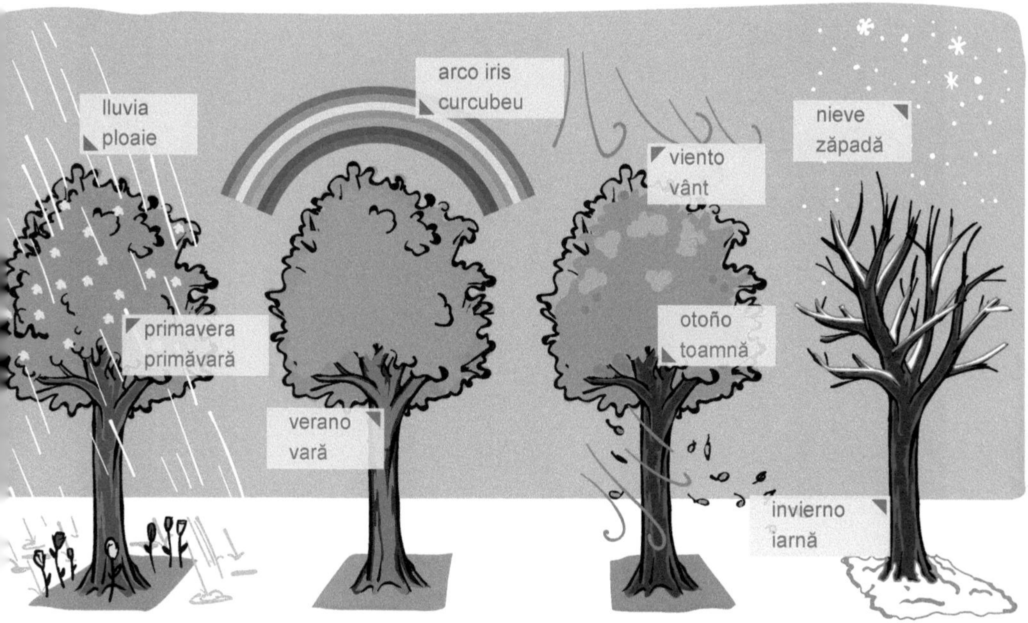

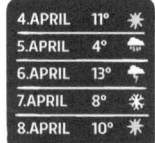

pronóstico meteorológico

prognoză meteo

F C
120 90 60 30 0 -30
40 30 20 10 0 -10 -20

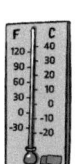

termómetro

termometru

luz solar

lumina soarelui

nube

nor

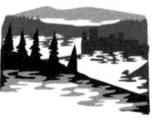

niebla

ceață

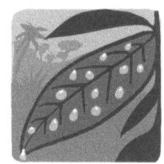

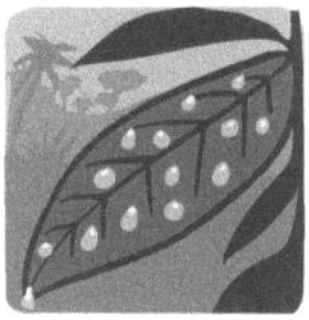

humedad ambiente

umiditate a aerului

relámpago

fulger

trueno

tunet

tormenta

furtună

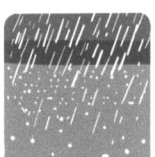

granizo

grindină

monzón

muson

inundación

inundație

hielo

gheață

enero

ianuarie

febrero

februarie

marzo

martie

abril

aprilie

mayo

mai

junio

iunie

julio

iulie

agosto

august

septiembre

septembrie

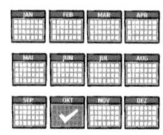

octubre

octombrie

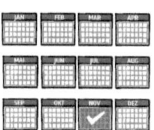

noviembre

noiembrie

diciembre

decembrie

formas
forme

círculo

cerc

cuadrado

pătrat

rectángulo

dreptunghi

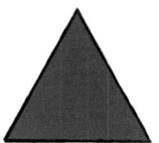

triángulo

triunghi

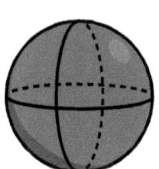

esfera

sferă

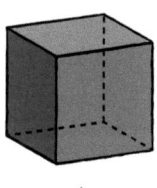

cubo

cub

colores
culori

blanco
alb

amarillo
galben

anaranjado
portocaliu

rosa
roz

rojo
roșu

lila
violet

azul
albastru

verde
verde

marrón
maro

gris
gri

negro
negru

mucho / poco

mult/puțin

enojado / calmado

furios/calm

bonito / feo

frumos/urât

comienzo / fin

început/sfârșit

grande / pequeño

mare/mic

claro / oscuro

luminos/întunecat

hermano / hermana

frate/soră

limpio / sucio

curat/murdar

completo / incompleto

complet/incomplet

día / noche

zi/noapte

muerto / vivo

mort/viu

ancho / angosto

lat/strâmt

disfrutable / no disfrutable

comestibil/necomestibil

malo / amigable

rău/prietenos

excitado / aburrido

emoționat/plictisit

gordo / delgado

gras/slab

primero / último

primul/ultimul

amigo / enemigo

prieten/inamic

lleno / vacío

plin/gol

duro / suave

tare/moale

pesado / liviano

greu/ușor

hambre / sed

foame/sete

enfermo / saludable

bolnav/sănătos

ilegal / legal

ilegal/legal

inteligente / tonto

inteligent/stupid

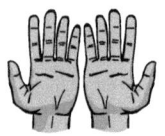

izquierda / derecha

stânga/drepta

cercano / lejano

aproape/departe

nuevo / usado

nou/uzat

nada / algo

nimic/ceva

viejo / joven

bătrân/tânăr

encendido / apagado

pornit/oprit

abierto / cerrado

deschis/închis

bajo / fuerte

încet/tare

rico / pobre

bogat/sărac

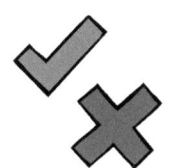

correcto / incorrecto

corect/fals

áspero / liso

aspru/neted

triste / alegre

trist/fericit

breve / extenso

lung/scurt

lento / veloz

încet/repede

mojado / seco

ud/uscat

caliente / frío

cald/rece

guerra / paz

război/pace

0

cero
zero

1

uno
unu

2

dos
doi

3

tres
trei

4

cuatro
patru

5

cinco
cinci

6

seis
șase

7

siete
șapte

8

ocho
opt

9

nueve
nouă

10

diez
zece

11

once
unsprezece

12
doce
douăsprezece

13
trece
treisprezece

14
catorce
paisprezece

15
quince
cincisprezece

16
dieciséis
șaisprezece

17
diecisiete
șaptesprezece

18
dieciocho
optsprezece

19
diecinueve
nouăsprezece

20
veinte
douăzeci

100
cien
o sută

1.000
mil
o mie

1.000.000
millón
un milion

inglés

engleză

inglés estadounidense

engleză americană

chino mandarín

chineza mandarină

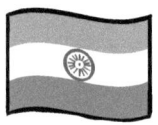

hindi

hindi

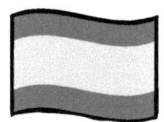

español

spaniolă

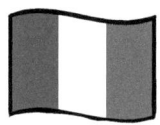

francés

franceză

árabe

arabă

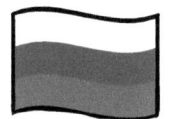

ruso

rusă

portugués

protugheză

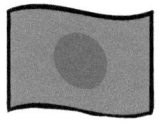

bengalí

bengaleză

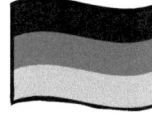

alemán

germană

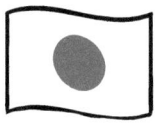

japonés

japoneză

yo

eu

tú

tu

él / ella

el/ea

nosotros

noi

vosotros

voi

ellos

ea

¿quién?

cine?

¿qué?

ce?

¿cómo?

cum?

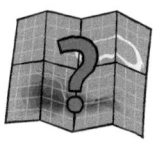

¿dónde?

unde?

¿cuándo?

când?

nombre

nume

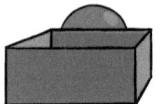

detrás

în spate

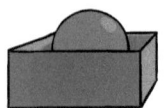

en

în

delante de

înainte

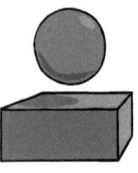

encima de

peste

sobre

pe

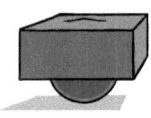

debajo de

sub

junto a

lângă

entre

între

lugar

loc